Swedish Reading Comprehension Texts: Beginners - Book One

Swedish Reading Comprehension Texts

Mikkelsen Dubois

Published by Mikkelsen Dubois, 2023.

While every precaution has been taken in the preparation of this book, the publisher assumes no responsibility for errors or omissions, or for damages resulting from the use of the information contained herein.

SWEDISH READING COMPREHENSION TEXTS: BEGINNERS - BOOK ONE

First edition. April 23, 2023.

Copyright © 2023 Mikkelsen Dubois.

ISBN: 979-8223629269

Written by Mikkelsen Dubois.

Table of Contents

How to Use This Swedish Reading Comprehension Book

Step 1: Choose the Right Text Level

The first step in doing a Swedish reading comprehension exercise is to choose the right text level. The text should be appropriate for the learner's level and interests. For beginners, texts with simpler vocabulary and shorter sentences are ideal. For more advanced learners, more complex texts can be used. Mikkelsen Dubois offers Swedish Reading Comprehension Texts in different levels - beginner, intermediate and advanced, as well as First Steps for new language learners. It's also important to choose a text that is interesting to the learner. This can help to keep them engaged and motivated, which is crucial for language learning success. Texts on topics like history, culture, and current events can be particularly engaging for learners. Every Mikkelsen Dubois Reading Comprehension Book contains texts on a variety of different topics.

Step 2: Read the Text

Once a suitable text has been chosen, the learner should read it carefully. They should focus on understanding the meaning of the text and how the words and phrases are used in sentences. It's also important to pay attention to the structure of the sentences and the use of grammar. When reading the text, learners should try to read as much as they can without stopping to look up words in a dictionary. This can help to improve their overall comprehension skills and develop their ability to understand the text in context.

Step 3: Analyze the Text

After reading the text, the learner should analyze it to deepen their understanding. This involves paying attention to the structure of the sentences, the use of grammar, and the context in which words are used. Learners can ask themselves questions about the text to help them analyze it more deeply.

For example, they could ask themselves:

What is the main idea of the text?

What is the purpose of the text?

What is the tone of the text?

What new words or phrases have I learned from the text?

What new grammar structures have I learned from the text?

By analyzing the text in this way, learners can develop a more comprehensive understanding of the text and improve their comprehension skills. Making a note of new vocabulary, grammar and sentence structure will help the learner in this analysis and support the learning process.

Step 4: Answer the Questions

The next step in doing a Swedish reading comprehension exercise is to answer the questions. In every Mikkelsen Dubois Swedish Comprehension Book, questions are provided with the text. These questions are designed to test the learner's understanding of the text and their ability to apply their knowledge of Swedish vocabulary and grammar. Learners should answer the questions as thoroughly and accurately as possible, using their knowledge of Swedish vocabulary and grammar.

Step 5: Check Answers

After answering the questions, the learner should check their answers. This involves reviewing their responses and ensuring that they are accurate and complete. If the learner has made mistakes, they should try to identify the areas where they need to improve their understanding. This could involve reviewing specific vocabulary or grammar structures or practicing their comprehension skills with more texts.

Step 6: Review and Practice

The final step in doing a Swedish reading comprehension exercise is to review and practice. This involves reviewing the text and the questions and identifying areas for improvement. Learners should use the reading comprehension exercise as a learning tool to improve their comprehension skills and develop their knowledge of Swedish vocabulary and grammar. By regularly practicing with different types of texts and using strategies like taking notes, analyzing the text, and asking questions, learners can improve their comprehension skills more quickly.

Text One

Read the following Swedish comprehension text carefully.

Then answer the questions using the information provided in the text.

Try to answer in full sentences and pay attention to your spelling and grammar.

Once you have answered all the questions, check your answers with the suggested answers.

<u>Sofia</u>

Hej! Mitt namn är Sofia. Jag bor i Sverige. Jag pratar svenska och engelska. Jag är lärare och jag undervisar i svenska. Jag älskar att lära ut språk!

Sverige är ett vackert land. Det finns många sjöar och skogar här. Det är också kallt på vintern, men på sommaren kan det vara varmt och soligt. Många svenskar gillar att gå ut och picknicka i parken på sommaren.

Jag älskar svensk mat också. Köttbullar, potatismos och lingonsylt är en av mina favoriträtter. Vi har också mycket god choklad och glass i Sverige.

Vad gör du på fritiden? Tycker du om att resa? Jag gillar att resa till andra länder och upptäcka nya platser.

Questions

1. Vad heter personen som skriver texten?
2. Vilket språk pratar personen?
3. Vad är personens yrke?
4. Vad är några av de svenska favoritmaträtterna?
5. Vad gillar personen att göra på fritiden?

Answers

1. Personens namn är Sofia.
2. Personen pratar svenska och engelska.
3. Personens yrke är lärare och undervisar i svenska.
4. Köttbullar, potatismos och lingonsylt är en av favoriträtterna.
5. Personen gillar att resa till andra länder och upptäcka nya platser.

Text Two

Read the following Swedish comprehension text carefully.

Then answer the questions using the information provided in the text.

Try to answer in full sentences and pay attention to your spelling and grammar.

Once you have answered all the questions, check your answers with the suggested answers.

En dag på stranden

Idag är det en varm sommardag och jag går till stranden med mina vänner. Vi tar med oss en picknickkorg och badkläder. När vi kommer fram, sprider vi ut filten och börjar äta. Solen skiner starkt och vattnet ser lockande ut, så vi bestämmer oss för att simma. Jag tar på mig mina badkläder och går till vattnet. Vattnet är svalt och det känns så skönt i den varma solen.

Efter att ha simmat ett tag, bestämmer vi oss för att spela beachvolleyboll. Vi bildar två lag och börjar spela. Det är mycket roligt och vi skrattar mycket.

Efter att ha spelat ett tag, börjar vi känna oss trötta.

Vi ligger på filten och tittar på molnen som formar sig på himlen. Vi bestämmer oss för att stanna på stranden tills solen går ner.

Questions

1. Vad tar du med dig till stranden?
2. Hur är vädret idag?
3. Vad gör ni när ni kommer till stranden?
4. Hur känns vattnet?
5. Vad gör ni efter att ha simmat?
6. Vad gör ni när ni känner er trötta?
7. Hur länge stannar ni på stranden?

Answers

1. Jag tar med mig en picknickkorg och badkläder till stranden.
2. Det är en varm sommardag idag.
3. När vi kommer till stranden sprider vi ut filten och börjar äta.
4. Vattnet är svalt och skönt.
5. Vi spelar beachvolleyboll efter att ha simmat.
6. När vi känner oss trötta ligger vi på filten och tittar på molnen.
7. Vi bestämmer oss för att stanna på stranden tills solen går ner.

Text Three

Read the following Swedish comprehension text carefully.

Then answer the questions using the information provided in the text.

Try to answer in full sentences and pay attention to your spelling and grammar.

Once you have answered all the questions, check your answers with the suggested answers.

<u>Midsommar</u>

Midsommar är en mycket viktig tradition i Sverige. Detta firas på den längsta dagen på året, vanligtvis runt 20-23 juni. Midsommarfirandet innefattar många aktiviteter, såsom att dansa runt en midsommarstång, äta sill och potatis, och dricka snaps.

Folk klär sig i folkdräkter eller blommiga kläder och dekorerar midsommarstången med blommor och löv. På kvällen tänds en stor brasa för att skapa en mysig atmosfär. Midsommar är också en tid då många svenskar tar ledigt och spenderar tid tillsammans med familj och vänner.

Questions

1. När firas midsommar i Sverige?
2. Vilka aktiviteter ingår i midsommarfirandet?
3. Vad brukar folk klä sig i under midsommar?
4. Vad dekorerar man midsommarstången med?
5. Vad gör man på kvällen under midsommarfirandet?
6. Är midsommar en tid då många svenskar tar ledigt?

Answers

1. Midsommar firas vanligtvis runt 20-23 juni.
2. Aktiviteter som dans runt midsommarstången, äta sill och potatis, och dricka snaps ingår i midsommarfirandet.
3. Folk klär sig i folkdräkter eller blommiga kläder under midsommar.
4. Midsommarstången dekoreras med blommor och löv.
5. På kvällen tänds en stor brasa för att skapa en mysig atmosfär under midsommarfirandet.
6. Ja, midsommar är en tid då många svenskar tar ledigt och spenderar tid tillsammans med familj och vänner.

Text Four

Read the following Swedish comprehension text carefully.

Then answer the questions using the information provided in the text.

Try to answer in full sentences and pay attention to your spelling and grammar.

Once you have answered all the questions, check your answers with the suggested answers.

<u>Upptäck Stockholm</u>

Stockholm är Sveriges huvudstad och en av de vackraste städerna i världen. Den är omgiven av vatten och består av 14 öar som är sammanlänkade av broar. Gamla stan, den äldsta delen av Stockholm, är en av de mest populära turistattraktionerna. Där kan du promenera genom trånga gränder och upptäcka historiska byggnader som Kungliga slottet och Storkyrkan.

Drottningholm, det kungliga slottet vid vattnet, är en annan imponerande sevärdhet i Stockholm. Det är hem till den svenska kungafamiljen och har också en vacker trädgård som är öppen för allmänheten.

För dem som gillar att shoppa, är Drottninggatan en av de mest kända shoppinggatorna i Stockholm. Här hittar du många butiker, restauranger och kaféer.

Funderar du på att besöka Stockholm? Varför inte boka en båttur på vattnet eller en guidad tur i Gamla stan för att få en riktigt autentisk upplevelse av staden.

Questions

1. Vad är Stockholm?
2. Hur många öar består staden av?
3. Vad är Gamla stan?
4. Vilka historiska byggnader kan man besöka i Gamla stan?
5. Vilket slott är hem till den svenska kungafamiljen?
6. Vilken gata är känd för shopping i Stockholm?
7. Vad kan man göra för att få en autentisk upplevelse av staden?

Answers

1. Stockholm är Sveriges huvudstad.
2. Stockholm består av 14 öar.
3. Gamla stan är den äldsta delen av Stockholm.
4. Man kan besöka historiska byggnader som Kungliga slottet och Storkyrkan i Gamla stan.
5. Drottningholm är hem till den svenska kungafamiljen.
6. Drottninggatan är känd för shopping i Stockholm.
7. För att få en autentisk upplevelse av staden kan man boka en båttur på vattnet eller en guidad tur i Gamla stan.

Text Five

Read the following Swedish comprehension text carefully.

Then answer the questions using the information provided in the text.

Try to answer in full sentences and pay attention to your spelling and grammar.

Once you have answered all the questions, check your answers with the suggested answers.

<u>En dag på djurparken</u>

Det var en solig dag och jag bestämde mig för att åka till djurparken. Djurparken var mycket stor och det fanns många olika djur att titta på. Jag började min dag med att besöka aporna. De var mycket lekfulla och jag tyckte om att titta på dem. Sedan gick jag vidare till lejonen. De sov i skuggan och jag kunde höra deras djupa snarkningar. Nästa stopp var elefanterna. De var mycket stora och starka djur.

Efter att ha sett elefanterna gick jag till pingvinerna. De var så roliga när de simmade runt i vattnet. Sedan gick jag till akvariet och tittade på alla de vackra fiskarna. Slutligen besökte jag girafferna. De var så stora och långa och jag kunde knappt tro mina ögon.

Det var en fantastisk dag på djurparken och jag ser fram emot att återvända snart.

Questions

1. Vad var det första djuret som personen besökte?
2. Vad gjorde lejonen när personen besökte dem?
3. Vilket var det sista djuret personen besökte?

Answers

1. Personens första besök var till aporna.
2. Lejonen sov i skuggan och snarkade.
3. Det sista djuret som personen besökte var girafferna.

Text Six

———

Read the following Swedish comprehension text carefully.

Then answer the questions using the information provided in the text.

Try to answer in full sentences and pay attention to your spelling and grammar.

Once you have answered all the questions, check your answers with the suggested answers.

<u>Svenska djur</u>

Sverige är känt för sina vackra och unika djur. Några av de mest kända djuren i Sverige är älgar, björnar och vargar. Älgar är stora och tunga djur som kan väga mer än 500 kg. De lever i skogar och äter vanligtvis löv, bark och kvistar. Björnar är också stora djur som kan väga mer än 200 kg. De lever i skogar och äter fisk, bär och ibland även mindre djur. Vargar är lite mindre än björnar och kan väga upp till 50 kg. De lever i flockar och jagar vanligtvis stora djur som hjortar och älgar. Andra kända svenska djur inkluderar renar, älgar, grävlingar och utter.

Questions

1. Vilka är några av de mest kända djuren i Sverige?
2. Var lever älgar och vad äter de?
3. Vad äter björnar och var lever de?
4. Vilket djur jagar vanligtvis vargar?
5. Vilka andra djur är kända i Sverige?

Answers

1. Några av de mest kända djuren i Sverige är älgar, björnar och vargar.
2. Älgar lever i skogar och äter vanligtvis löv, bark och kvistar.
3. Björnar lever i skogar och äter fisk, bär och ibland även mindre djur.
4. Vargar jagar vanligtvis stora djur som hjortar och älgar.
5. Andra kända svenska djur inkluderar renar, grävlingar och utter.

Text Seven

Read the following Swedish comprehension text carefully.

Then answer the questions using the information provided in the text.

Try to answer in full sentences and pay attention to your spelling and grammar.

Once you have answered all the questions, check your answers with the suggested answers.

<u>Svensk höst</u>

Hösten är en vacker tid på året i Sverige. Löven på träden skiftar färg från grönt till rött, gult och orange. Temperaturen blir svalare och dagarna blir kortare. Ibland regnar det mycket, men det kan också vara soligt och klart. Många människor plockar svamp och bär i skogen under hösten. En annan hösttradition i Sverige är att tända ljus och dricka varm dryck som te och glögg. Halloween och Allhelgona är också högtider som firas under hösten.

Questions

1. Vad händer med löven på träden under hösten?
2. Hur är vädret oftast under hösten?
3. Vilka aktiviteter är vanliga under hösten i Sverige?
4. Vilka högtider firas under hösten?

Answers

1. Löven på träden skiftar färg från grönt till rött, gult och orange.
2. Ibland regnar det mycket, men det kan också vara soligt och klart.
3. Många människor plockar svamp och bär i skogen under hösten. En annan hösttradition i Sverige är att tända ljus och dricka varm dryck som te och glögg.
4. Halloween och Allhelgona firas under hösten.

Text Eight

Read the following Swedish comprehension text carefully.

Then answer the questions using the information provided in the text.

Try to answer in full sentences and pay attention to your spelling and grammar.

Once you have answered all the questions, check your answers with the suggested answers.

<u>Min familj</u>

Jag har en stor familj. Jag har två föräldrar, en bror och en syster. Min mamma heter Anna och min pappa heter Johan. Min bror heter Erik och min syster heter Lisa. Erik är äldre än Lisa och jag är yngst i familjen.

Vi har också en hund som heter Max. Han är en stor golden retriever och mycket snäll. Vi brukar gå ut och promenera med honom på kvällarna.

Min mamma jobbar som lärare på en skola och min pappa jobbar på ett företag.

Erik studerar på universitetet och Lisa går i skolan. Jag går också i skolan och tycker om att läsa böcker.

Questions

1. Hur många personer finns det i författarens familj?
2. Vad heter författarens mamma och pappa?
3. Vilken sorts hund har författarens familj?
4. Vad jobbar författarens mamma och pappa med?
5. Vad gör författaren gärna på fritiden?

Answers

1. Författarens familj består av fem personer.
2. Författarens mamma heter Anna och pappa heter Johan.
3. Författarens familj har en golden retriever.
4. Författarens mamma jobbar som lärare och pappa jobbar på ett företag.
5. Författaren gillar att läsa böcker på fritiden.

Text Nine

Read the following Swedish comprehension text carefully.

Then answer the questions using the information provided in the text.

Try to answer in full sentences and pay attention to your spelling and grammar.

Once you have answered all the questions, check your answers with the suggested answers.

Fotboll - En Populär Sport

Fotboll är en av de mest populära sporterna i världen. Det spelas av miljoner människor i olika åldrar och på olika nivåer, från ungdomslag till professionella klubbar. Fotboll spelas på en rektangulär plan, med två mål i varje ände. Målet är att göra fler mål än motståndarlaget genom att skjuta bollen in i motståndarlagets mål.

Fotboll kräver bra samarbetsförmåga, kondition och tekniska färdigheter. En match spelas vanligtvis i två halvlekar, med en paus emellan.

Spelarna försöker att undvika att röra bollen med händerna, utom för målvakten som är den enda spelaren som är tillåten att använda händerna i straffområdet.

Fotboll är också känd för sina passionerade fans och stora turneringar som världsmästerskapet och europamästerskapet. Det är en sport som kan förena människor från olika kulturer och länder.

Questions

1. Vad är fotboll?
2. Hur många mål finns det på fotbollsplanen?
3. Vilka färdigheter krävs för att spela fotboll?
4. Kan spelarna använda händerna för att röra bollen?
5. Vilka stora turneringar spelas inom fotboll?

Answers

1. Fotboll är en sport som spelas med en boll på en rektangulär plan.
2. Det finns två mål på fotbollsplanen.
3. Fotboll kräver samarbetsförmåga, kondition och tekniska färdigheter.
4. Spelarna får inte röra bollen med händerna, utom för målvakten i straffområdet.
5. De stora turneringarna inom fotboll är världsmästerskapet och europamästerskapet.

Text Ten

Read the following Swedish comprehension text carefully.

Then answer the questions using the information provided in the text.

Try to answer in full sentences and pay attention to your spelling and grammar.

Once you have answered all the questions, check your answers with the suggested answers.

<u>Lisa</u>

Hej! Jag heter Lisa och jag bor i Sverige. Sverige är ett vackert land med många skogar, sjöar och hav. På sommaren kan man plocka bär och svamp i skogen och på vintern kan man åka skidor och skridskor på isen. En annan sak som Sverige är känt för är köttbullar och IKEA. Köttbullar är en svensk maträtt som man äter med potatismos och lingonsylt. IKEA är en möbelaffär som finns i många länder runt om i världen.

Questions

1. Vad heter personen som berättar historien?
2. Vilket land bor personen i?
3. Vad kan man göra på sommaren i Sverige?
4. Vad kan man göra på vintern i Sverige?
5. Vad är Sverige känt för?
6. Vad är köttbullar och hur äter man dem?
7. Vad är IKEA?

Answers

1. Personens namn är Lisa.
2. Personen bor i Sverige.
3. På sommaren kan man plocka bär och svamp i skogen.
4. På vintern kan man åka skidor och skridskor på isen.
5. Sverige är känt för köttbullar och IKEA.
6. Köttbullar är en svensk maträtt som man äter med potatismos och lingonsylt.
7. IKEA är en möbelaffär som finns i många länder runt om i världen.

Text Eleven

Read the following Swedish comprehension text carefully.

Then answer the questions using the information provided in the text.

Try to answer in full sentences and pay attention to your spelling and grammar.

Once you have answered all the questions, check your answers with the suggested answers.

<u>Johan</u>

Hej! Mitt namn är Johan och jag bor i en liten stad i Sverige. Jag tycker om att spela fotboll och ibland går jag och tittar på matcher på stadion. Jag gillar också att gå på bio och se på svenska filmer. En av mina favoritfilmer är "Flickan som lekte med elden". Den handlar om en tjej som försöker lösa ett mordfall.

Jag har också en katt som heter Maja. Hon är jättegullig och brukar sitta i mitt knä när jag tittar på TV. Ibland leker vi med en fjäderpinne eller en liten boll. Maja tycker om att jaga saker och är väldigt snabb.

Questions

1. Vad heter personen som berättar historien?
2. Var bor personen?
3. Vad tycker personen om att göra?
4. Vad är en av personens favoritfilmer?
5. Vad handlar filmen om?
6. Har personen ett husdjur?
7. Vad heter personens katt och hur är den?

Answers

1. Personens namn är Johan.
2. Personen bor i en liten stad i Sverige.
3. Personens intressen inkluderar att spela fotboll och gå på bio.
4. En av personens favoritfilmer är "Flickan som lekte med elden".
5. Filmen handlar om en tjej som försöker lösa ett mordfall.
6. Ja, personen har en katt som husdjur.
7. Katten heter Maja och är jättegullig.

Text Twelve

Read the following Swedish comprehension text carefully.

Then answer the questions using the information provided in the text.

Try to answer in full sentences and pay attention to your spelling and grammar.

Once you have answered all the questions, check your answers with the suggested answers.

Min familj

Min familj och jag bor i en liten stad i södra Sverige. Vi har ett hus med en stor trädgård där vi ibland har grillfester på sommaren. Jag har en lillebror som heter Max och en storasyster som heter Emma. Max är sju år gammal och går i första klass. Han tycker om att spela fotboll och att rita. Emma är 16 år gammal och går i gymnasiet. Hon gillar att spela gitarr och att sjunga.

Min mamma heter Maria och hon är lärare på en skola i närheten. Min pappa heter Peter och han jobbar på ett företag som säljer datorer.

Vi har också en hund som heter Charlie. Han är en golden retriever och väldigt snäll.

Vi tycker om att göra saker tillsammans som familj, som att gå på promenader i naturen eller att besöka nya platser. Vi har också en sommarstuga vid havet där vi brukar åka på helger och semestrar.

Questions

1. Var bor personen och dennes familj?
2. Vad har personen för syskon?
3. Vad tycker Max om att göra?
4. Vad gillar Emma att göra?
5. Vad jobbar personens mamma med?
6. Vad jobbar personens pappa med?
7. Vad heter personens hund?

Answers

1. Personen och dennes familj bor i en liten stad i södra Sverige.
2. Personen har en lillebror som heter Max och en storasyster som heter Emma.
3. Max tycker om att spela fotboll och att rita.
4. Emma gillar att spela gitarr och att sjunga.
5. Personens mamma heter Maria och hon är lärare på en skola i närheten.
6. Personens pappa heter Peter och han jobbar på ett företag som säljer datorer.
7. Personens hund heter Charlie och är en golden retriever.

Text Thirteen

Read the following Swedish comprehension text carefully.

Then answer the questions using the information provided in the text.

Try to answer in full sentences and pay attention to your spelling and grammar.

Once you have answered all the questions, check your answers with the suggested answers.

<u>Mitt favoritdjur</u>

Mitt favoritdjur är en katt. Katter är vanliga husdjur och kan ha olika färger och mönster på sin päls. De är mjuka och gosiga, och kan vara väldigt självständiga djur.

Katter kan vara både inomhusdjur och utomhusdjur. Inomhuskatter trivs bra i hemmiljöer och kan vara enkla att ta hand om. Utomhuskatter tycker om att utforska sin omgivning och kan jaga små djur som möss och fåglar.

Det finns många olika raser av katter, som exempelvis perser, siameser och maine coon. Vissa raser är mer sociala än andra och vissa kräver mer skötsel av sin päls än andra.

Det är viktigt att ta hand om sin katt genom att ge den mat och vatten, leksaker att leka med och regelbunden veterinärvård. Katter kan leva upp till 15-20 år om de sköts ordentligt.

Questions

1. Vad är författarens favoritdjur?
2. Vad är vanligt förekommande husdjur?
3. Vad är fördelen med inomhuskatter?
4. Vad är fördelen med utomhuskatter?
5. Vilka olika raser finns det av katter?
6. Vad är viktigt att ge sin katt?
7. Hur länge kan katter leva om de sköts ordentligt?

Answers

1. Författarens favoritdjur är en katt.
2. Katter är vanliga husdjur.
3. Fördelen med inomhuskatter är att de kan vara enkla att ta hand om.
4. Fördelen med utomhuskatter är att de tycker om att utforska sin omgivning och kan jaga små djur.
5. Det finns många olika raser av katter, som exempelvis perser, siameser och maine coon.
6. Det är viktigt att ge sin katt mat och vatten, leksaker att leka med och regelbunden veterinärvård.
7. Katter kan leva upp till 15-20 år om de sköts ordentligt.

Text Fourteen

Read the following Swedish comprehension text carefully.

Then answer the questions using the information provided in the text.

Try to answer in full sentences and pay attention to your spelling and grammar.

Once you have answered all the questions, check your answers with the suggested answers.

<u>Upptäck Luleå</u>

Luleå är en stad i norra Sverige som ligger vid Bottenviken. Det är en vacker stad med många sevärdheter och aktiviteter att utforska. En av stadens populäraste sevärdheter är Gammelstad kyrkby, som är en gammal kyrkstad med anor från medeltiden och som är ett UNESCO:s världsarv. Andra populära sevärdheter inkluderar Norrbottens museum, som visar regionens historia och kultur, och Teknikens hus, ett interaktivt vetenskapscenter.

Det finns också många utomhusaktiviteter att uppleva i Luleå, såsom vandring i skogar och längs stränder, fiske, cykling och skidåkning. På vintern kan man åka skridskor på isen eller uppleva norrskenet på natten.

Questions

1. Var ligger Luleå?
2. Vad är Gammelstad kyrkby?
3. Vad visar Norrbottens museum?
4. Vad är Teknikens hus?
5. Vilka utomhusaktiviteter finns det i Luleå?
6. Vad kan man göra på vintern i Luleå?

Answers

1. Luleå ligger i norra Sverige vid Bottenviken.
2. Gammelstad kyrkby är en gammal kyrkstad från medeltiden som är ett UNESCO:s världsarv.
3. Norrbottens museum visar regionens historia och kultur.
4. Teknikens hus är ett interaktivt vetenskapscenter.
5. Utomhusaktiviteter i Luleå inkluderar vandring, fiske, cykling och skidåkning.
6. På vintern kan man åka skridskor på isen eller uppleva norrskenet på natten.

Text Fifteen

Read the following Swedish comprehension text carefully.

Then answer the questions using the information provided in the text.

Try to answer in full sentences and pay attention to your spelling and grammar.

Once you have answered all the questions, check your answers with the suggested answers.

<u>Elektriska bilar</u>

Elektriska bilar blir allt vanligare på våra vägar. Till skillnad från bensin- och dieselbilar drivs elektriska bilar av en elmotor och ett batteri. De är tystare och miljövänligare än traditionella bilar, eftersom de inte släpper ut några utsläpp eller avgaser. Batteriet laddas vanligtvis genom att man kopplar in bilen till en laddningsstation eller till ett vanligt eluttag. En full laddning kan ta några timmar.

En av de största fördelarna med elektriska bilar är att de är billigare att köra än bensin- och dieselbilar. Elpriset är oftast lägre än bensin- och dieselpriset och underhållskostnaderna är också lägre eftersom en elektrisk motor har färre rörliga delar än en förbränningsmotor.

Trots alla fördelar finns det också några nackdelar med elektriska bilar. En av de största nackdelarna är att det kan vara svårt att hitta en laddningsstation på längre resor. Dessutom kan det vara dyrt att köpa en elektrisk bil jämfört med en traditionell bil.

Questions

1. Vad driver en elektrisk bil?
2. Är elektriska bilar tystare än traditionella bilar?
3. Hur laddas ett batteri på en elektrisk bil vanligtvis?
4. Varför är det billigare att köra en elektrisk bil?
5. Vilka nackdelar finns det med elektriska bilar?

Answers

1. En elmotor och ett batteri driver en elektrisk bil.
2. Ja, elektriska bilar är tystare än traditionella bilar.
3. Ett batteri på en elektrisk bil laddas vanligtvis genom att man kopplar in bilen till en laddningsstation eller till ett vanligt eluttag.
4. Det är billigare att köra en elektrisk bil eftersom elpriset är oftast lägre än bensin- och dieselpriset och underhållskostnaderna är också lägre.
5. Det kan vara svårt att hitta en laddningsstation på längre resor och det kan vara dyrt att köpa en elektrisk bil jämfört med en traditionell bil.

Text Sixteen

Read the following Swedish comprehension text carefully.

Then answer the questions using the information provided in the text.

Try to answer in full sentences and pay attention to your spelling and grammar.

Once you have answered all the questions, check your answers with the suggested answers.

<u>Svensk mode</u>

Svenskt mode är känt för sin enkla men ändå stilrena design. Det är vanligt med kläder i mjuka och bekväma material såsom bomull och ull. Många svenska varumärken är också kända för sin hållbarhet och etiska produktion. Ett exempel på detta är Filippa K som är ett svenskt modevarumärke som fokuserar på hållbarhet i hela produktionskedjan.

En annan trend inom svenskt mode är minimalism, där mindre är mer och enkla plagg är i fokus. Detta återspeglas i både kläder och accessoarer såsom smycken och väskor.

Under vintermånaderna är det vanligt att svenskar klär sig i lager på lager för att hålla sig varma.

Tjocka tröjor, mössor och halsdukar är viktiga delar av vintergarderoben.

Questions

1. Vilka material är vanliga inom svenskt mode?
2. Vad fokuserar Filippa K på?
3. Vad är minimalism inom mode?
4. Vad är vanligt att svenskar bär under vintermånaderna?

Answers

1. Vanliga material inom svenskt mode är bomull och ull.
2. Filippa K är ett svenskt modevarumärke som fokuserar på hållbarhet i hela produktionskedjan.
3. Minimalism inom mode handlar om enkelhet och att mindre är mer.
4. Under vintermånaderna är det vanligt att svenskar klär sig i lager på lager med tjocka tröjor, mössor och halsdukar.

Text Seventeen

Read the following Swedish comprehension text carefully.

Then answer the questions using the information provided in the text.

Try to answer in full sentences and pay attention to your spelling and grammar.

Once you have answered all the questions, check your answers with the suggested answers.

<u>Vasa - Ett av Sveriges mest berömda skepp</u>

Vasa är ett av Sveriges mest berömda skepp. Det byggdes på 1600-talet och var tänkt att vara ett av de största och mest imponerande krigsfartygen i världen. Men på sin jungfruresa 1628 sjönk skeppet efter bara några minuter i Stockholms hamn.

Under flera hundra år låg Vasa på botten av hamnen tills det hittades på 1950-talet. Sedan dess har skeppet restaurerats och kan nu beskådas på Vasamuseet i Stockholm.

Vasa är en viktig del av Sveriges historia och är en symbol för både landets militära ambitioner på 1600-talet och den tekniska utvecklingen inom skeppsbyggnad på den tiden.

Questions

1. Vad är Vasa?
2. När sjönk Vasa?
3. Var kan man beskåda Vasa idag?
4. Vad är Vasa en symbol för?

Answers

1. Vasa är ett skepp.
2. Vasa sjönk 1628.
3. Vasa kan beskådas på Vasamuseet i Stockholm.
4. Vasa är en symbol för både Sveriges militära ambitioner och tekniska utveckling inom skeppsbyggnad på 1600-talet.

Text Eighteen

Read the following Swedish comprehension text carefully.

Then answer the questions using the information provided in the text.

Try to answer in full sentences and pay attention to your spelling and grammar.

Once you have answered all the questions, check your answers with the suggested answers.

<u>Mälaren</u>

Mälaren är en stor sjö belägen i östra Sverige, omgiven av landskap som Södermanland, Uppland och Västmanland. Det är den tredje största sjön i Sverige och sträcker sig över en yta på 1 140 kvadratkilometer. Sjön är en viktig källa för dricksvatten för områdena runtomkring och fungerar även som en populär turistattraktion för både inhemska och utländska besökare.

Mälaren har en rik historia och har varit en viktig handelsväg för området sedan vikingatiden. Det finns många små öar och halvöar i sjön, vilket ger den en unik karaktär. Flera städer och samhällen är belägna runt omkring Mälaren, såsom Västerås, Eskilstuna, Sigtuna och Mariefred.

Questions

1. Var ligger Mälaren?
2. Vilken är sjöns yta?
3. Varför är Mälaren viktig?
4. Vad är sjöns historiska betydelse?
5. Vilka städer och samhällen är belägna runt omkring Mälaren?

Answers

1. Mälaren är belägen i östra Sverige och omgiven av landskap som Södermanland, Uppland och Västmanland.
2. Mälaren sträcker sig över en yta på 1 140 kvadratkilometer.
3. Mälaren är en viktig källa för dricksvatten för områdena runtomkring och fungerar även som en populär turistattraktion för både inhemska och utländska besökare.
4. Mälaren har varit en viktig handelsväg för området sedan vikingatiden.
5. Några av de städer och samhällen som är belägna runt omkring Mälaren är Västerås, Eskilstuna, Sigtuna och Mariefred.

Text Nineteen

Read the following Swedish comprehension text carefully.

Then answer the questions using the information provided in the text.

Try to answer in full sentences and pay attention to your spelling and grammar.

Once you have answered all the questions, check your answers with the suggested answers.

<u>Namnsdagar i Sverige</u>

I Sverige firar vi inte bara födelsedagar, utan också namnsdagar. Varje dag i kalendern har ett eller flera namn knutna till sig och den som bär namnet firar sin namnsdag. Namnsdagar är en gammal tradition som härstammar från katolska kyrkan, men numera firas de av såväl religiösa som icke-religiösa personer.

Namnsdagar är viktiga i Sverige och uppmärksammas ofta genom att gratulera personen med en hälsning eller ett litet present. Vissa namn har särskilda traditioner knutna till sig, till exempel att man ska äta en speciell maträtt eller baka en viss sorts kaka.

Questions

1. Vad är namnsdagar?
2. Varifrån härstammar traditionen med namnsdagar?
3. Firar bara religiösa personer namnsdagar i Sverige?
4. Hur uppmärksammas namnsdagar i Sverige?

Answers

1. Namnsdagar är en dag i kalendern som är kopplad till ett eller flera namn och den som bär namnet firar sin namnsdag.
2. Namnsdagar härstammar från katolska kyrkan.
3. Nej, namnsdagar firas av både religiösa och icke-religiösa personer i Sverige.
4. Namnsdagar uppmärksammas ofta genom att gratulera personen med en hälsning eller ett litet present.

Text Twenty

Read the following Swedish comprehension text carefully.

Then answer the questions using the information provided in the text.

Try to answer in full sentences and pay attention to your spelling and grammar.

Once you have answered all the questions, check your answers with the suggested answers.

<u>Astrid Lindgren - En av Sveriges mest älskade författare</u>

Astrid Lindgren är en av de mest kända och älskade svenska författarna i världen. Hon föddes i Vimmerby år 1907 och växte upp på en bondgård i närheten. Under hennes uppväxttid var hon omgiven av natur och djur, vilket senare kom att inspirera henne när hon började skriva sina berömda barnböcker.

En av Astrid Lindgrens mest kända karaktärer är Pippi Långstrump, en självständig flicka med rött hår och en stark vilja. Boken om Pippi Långstrump har översatts till över 70 språk och har blivit en klassiker inom barnlitteraturen.

Astrid Lindgren skrev också många andra böcker, inklusive Bröderna Lejonhjärta, Emil i Lönneberga och Ronja Rövardotter. Hennes böcker handlar ofta om modiga och starka barn som utmanar normer och förväntningar.

Astrid Lindgren avled år 2002, men hennes arv lever vidare genom hennes böcker som fortsätter att vara älskade av generationer av barn och vuxna.

Questions

1. Vem är Astrid Lindgren?
2. Var föddes hon?
3. Vilken karaktär är hon mest känd för?
4. Vilka är några av hennes andra böcker?
5. När avled Astrid Lindgren?

Answers

1. Astrid Lindgren är en författare.
2. Hon föddes i Vimmerby.
3. Hon är mest känd för Pippi Långstrump.
4. Några av hennes andra böcker inkluderar Bröderna Lejonhjärta, Emil i
   Lönneberga och Ronja Rövardotter.
5. Astrid Lindgren avled år 2002.

Text Twenty One

Read the following Swedish comprehension text carefully.

Then answer the questions using the information provided in the text.

Try to answer in full sentences and pay attention to your spelling and grammar.

Once you have answered all the questions, check your answers with the suggested answers.

Carl Larsson - En berömd svensk konstnär

Carl Larsson var en berömd svensk konstnär som föddes 1853 i Stockholm. Han är känd för sina vackra målningar av svenska hem och landskap. Larsson började sin karriär som tecknare och illustratör för tidningar och böcker, men han blev senare en av de mest älskade konstnärerna i Sverige.

Larsson målade ofta interiörer av hem, där han visade enkla, men vackra inredningar. Han målade också porträtt av sin familj och många av hans mest kända verk är från hemmet i Sundborn där han bodde med sin familj.

Carl Larsson dog 1919, men hans konst lever vidare och hans verk kan fortfarande ses på museer runt om i världen.

Questions

1. Vem var Carl Larsson?
2. Vad är Carl Larsson känd för?
3. Vad målade Carl Larsson ofta?
4. Var bodde Carl Larsson med sin familj?
5. När dog Carl Larsson?

Answers

1. Carl Larsson var en svensk konstnär.
2. Carl Larsson är känd för sina vackra målningar av svenska hem och landskap.
3. Carl Larsson målade ofta interiörer av hem och porträtt av sin familj.
4. Carl Larsson bodde med sin familj i Sundborn.
5. Carl Larsson dog 1919.

Text Twenty Two

Read the following Swedish comprehension text carefully.

Then answer the questions using the information provided in the text.

Try to answer in full sentences and pay attention to your spelling and grammar.

Once you have answered all the questions, check your answers with the suggested answers.

<u>En dag på stranden</u>

Det var en varm sommardag och Lisa och hennes familj bestämde sig för att åka till stranden. När de kom dit, gick Lisa och hennes bror direkt till vattnet medan föräldrarna bredde ut en filt på sanden. Lisa tyckte att vattnet var lite kallt först men efter ett tag vande hon sig vid det och började plaska runt. Hennes bror byggde ett sandslott och Lisa hjälpte till att samla små snäckor att dekorera slottet med. Efter en stund blev det dags för lunch och familjen åt smörgåsar och drack läsk. Lisa och hennes bror lekte sedan med en frisbee medan föräldrarna solade. Till slut blev det dags att åka hem och alla var nöjda och trötta efter en dag full av roligt vid stranden.

Questions

1. Vart åkte Lisa och hennes familj?
2. Vad gjorde Lisa och hennes bror direkt när de kom till stranden?
3. Vad hjälpte Lisa sin bror med?
4. Vad åt familjen till lunch?
5. Vad lekte Lisa och hennes bror med efter lunch?
6. Hur var alla efter en dag vid stranden?

Answers

1. Lisa och hennes familj åkte till stranden.
2. Lisa och hennes bror gick direkt till vattnet.
3. Lisa hjälpte sin bror att samla små snäckor att dekorera sandslottet med.
4. Familjen åt smörgåsar och drack läsk till lunch.
5. Lisa och hennes bror lekte med en frisbee efter lunch.
6. Alla var nöjda och trötta efter en dag full av roligt vid stranden.

Text Twenty Three

Read the following Swedish comprehension text carefully.

Then answer the questions using the information provided in the text.

Try to answer in full sentences and pay attention to your spelling and grammar.

Once you have answered all the questions, check your answers with the suggested answers.

<u>Hilma af Klint - En Pionjär inom Konstvärlden</u>

Hilma af Klint var en svensk konstnär född år 1862 i Solna. Hon var en pionjär inom den abstrakta konsten, vilket var mycket ovanligt för den tiden. Hon skapade sin första abstrakta målning år 1906, fem år före den ryske konstnären Wassily Kandinsky. Hon var också en av de första konstnärerna som använde sig av automatisk skapande och andliga teorier i sitt arbete.

Hilma af Klints konst upptäcktes inte förrän långt efter hennes död, men idag anses hon vara en av Sveriges mest betydelsefulla konstnärer. Hennes verk visas på utställningar över hela världen och hon har inspirerat många konstnärer och forskare inom fältet.

Questions

1. När föddes Hilma af Klint?
2. Vad var Hilma af Klint känd för?
3. Vilket år skapade hon sin första abstrakta målning?
4. Vad var unikt med hennes konstnärliga stil?
5. Hur upptäcktes Hilma af Klints konstverk?
6. Var har hennes verk visats?

Answers

1. Hilma af Klint föddes år 1862.
2. Hilma af Klint var känd som en pionjär inom den abstrakta konsten och använde sig av automatisk skapande och andliga teorier i sitt arbete.
3. Hon skapade sin första abstrakta målning år 1906.
4. Det unika med hennes konstnärliga stil var att hon var en av de första konstnärerna som använde sig av automatisk skapande och andliga teorier.
5. Hilma af Klints konstverk upptäcktes inte förrän långt efter hennes död.
6. Hennes verk har visats på utställningar över hela världen.

Text Twenty Four

Read the following Swedish comprehension text carefully.

Then answer the questions using the information provided in the text.

Try to answer in full sentences and pay attention to your spelling and grammar.

Once you have answered all the questions, check your answers with the suggested answers.

<u>Jämställdhet i Sverige</u>

I Sverige är jämställdhet en viktig fråga. Det betyder att kvinnor och män har samma rättigheter och möjligheter. Jämställdhet handlar om att bekämpa diskriminering och att ge alla lika möjligheter att delta och påverka samhället.

I Sverige finns det många lagar och regler som ska garantera jämställdhet. Till exempel är det olagligt att diskriminera någon på grund av kön. Arbetsgivare måste också arbeta för att uppnå jämställdhet mellan män och kvinnor i arbetslivet.

Sverige är också känt för sin föräldraförsäkring, som ger både mammor och pappor möjlighet att vara hemma med sina barn under en längre tid.

Detta hjälper till att främja jämställdhet mellan könen.

Questions

1. Vad betyder jämställdhet?
2. Vad är syftet med att främja jämställdhet?
3. Vilka lagar och regler finns det i Sverige som ska garantera jämställdhet?
4. Vad är föräldraförsäkringen och hur främjar den jämställdhet?

Answers

1. Jämställdhet betyder att kvinnor och män har samma rättigheter och möjligheter.
2. Syftet med att främja jämställdhet är att bekämpa diskriminering och ge alla lika möjligheter att delta och påverka samhället.
3. Det finns många lagar och regler i Sverige som ska garantera jämställdhet, till exempel lagen mot könsdiskriminering och krav på arbetsgivare att främja jämställdhet.
4. Föräldraförsäkringen ger både mammor och pappor möjlighet att vara hemma med sina barn under en längre tid och främjar därmed jämställdhet mellan könen.

Text Twenty Five

Read the following Swedish comprehension text carefully.

Then answer the questions using the information provided in the text.

Try to answer in full sentences and pay attention to your spelling and grammar.

Once you have answered all the questions, check your answers with the suggested answers.

<u>Upptäck Gamla Stan - Stockholms Historiska Hjärta</u>

Gamla Stan är en av de mest välkända och populära turistdestinationerna i Stockholm. Det är en ö, belägen i hjärtat av staden och är känt för sina smala gränder, vackra byggnader och historiska monument. Gamla Stan är en mycket gammal del av Stockholm och har varit en viktig plats sedan medeltiden.

Några av de mest populära sevärdheterna i Gamla Stan inkluderar Storkyrkan, Kungliga slottet, Tyska kyrkan, Riddarhuset och Riddarholmskyrkan. Det finns också många små butiker, caféer och restauranger att utforska.

Gamla Stan är också en plats med mycket kultur och historia. Till exempel kan man lära sig om Gustav Vasa, som en gång bodde här, och om den berömda "Blodbadet på Stortorget" som ägde rum 1520.

Om du besöker Stockholm, måste du absolut ta dig tid att besöka Gamla Stan. Det är en fantastisk plats med så mycket att se och göra!

Questions

1. Var ligger Gamla Stan?
2. Vad är några av de populära sevärdheterna i Gamla Stan?
3. Vad kan man lära sig om när man besöker Gamla Stan?

Answers

1. Gamla Stan ligger i hjärtat av Stockholm.
2. Några av de populära sevärdheterna i Gamla Stan inkluderar Storkyrkan, Kungliga slottet, Tyska kyrkan, Riddarhuset och Riddarholmskyrkan.
3. Man kan lära sig om Gustav Vasa, som en gång bodde här, och om den berömda "Blodbadet på Stortorget" som ägde rum 1520 när man besöker Gamla Stan.

Text Twenty Six

Read the following Swedish comprehension text carefully.

Then answer the questions using the information provided in the text.

Try to answer in full sentences and pay attention to your spelling and grammar.

Once you have answered all the questions, check your answers with the suggested answers.

<u>Allt om pepparkakor!</u>

Pepparkakor är en av de mest populära svenska jultraditionerna. Det är en sorts kryddig, tunn och knaprig kaka som ofta serveras med glögg eller mjölk. Pepparkakor är också en vanlig ingrediens i många andra svenska bakverk som pepparkakshus och pepparkaksmuffins.

Pepparkakor är gjorda av en blandning av mjöl, socker, smör och kryddor som kanel, ingefära, kardemumma och nejlika. Degen måste kylas i kylen innan den kavlas ut och bakas i ugnen. När pepparkakorna är klara kan de dekoreras med kristyr eller ätas som de är.

Questions

1. Vad är pepparkakor?
2. Vad serveras ofta tillsammans med pepparkakor?
3. Vad är pepparkakor en vanlig ingrediens i?

Answers

1. Pepparkakor är en sorts kryddig, tunn och knaprig kaka.
2. Pepparkakor serveras ofta med glögg eller mjölk.
3. Pepparkakor är en vanlig ingrediens i många andra svenska bakverk som pepparkakshus och pepparkaksmuffins.

Text Twenty Seven

Read the following Swedish comprehension text carefully.

Then answer the questions using the information provided in the text.

Try to answer in full sentences and pay attention to your spelling and grammar.

Once you have answered all the questions, check your answers with the suggested answers.

<u>Lingonsylt - En Svensk Delikatess</u>

Lingonsylt är en av de mest populära sylterna i Sverige. Lingonbäret växer i hela landet och skördas vanligtvis under hösten. Lingonbäret är mycket surt och smakar bäst efter tillagning med socker.

För att göra lingonsylt, behöver du lingon, socker och vatten. Blanda lingon och vatten i en kastrull och koka upp. Sänk sedan värmen och tillsätt socker. Rör om tills sockret löses upp och låt det sedan småkoka i cirka 10-15 minuter tills sylten fått en tjock konsistens.

Lingonsylt används ofta som tillbehör till klassiska svenska rätter såsom köttbullar och pannkakor. Det kan också användas som ett gott pålägg på smörgåsar eller i bakverk.

Questions

1. Vad är lingonsylt?
2. När skördas lingonbäret vanligtvis?
3. Hur gör man lingonsylt?
4. Vad används lingonsylt till?

Answers

1. Lingonsylt är en typ av sylt som tillverkas av lingonbär, socker och vatten.
2. Lingonbäret skördas vanligtvis under hösten.
3. För att göra lingonsylt, blanda lingon och vatten i en kastrull och koka upp. Tillsätt sedan socker och låt småkoka i cirka 10-15 minuter tills sylten fått en tjock konsistens.
4. Lingonsylt används ofta som tillbehör till klassiska svenska rätter såsom köttbullar och pannkakor. Det kan också användas som pålägg på smörgåsar eller i bakverk.

Text Twenty Eight

Read the following Swedish comprehension text carefully.

Then answer the questions using the information provided in the text.

Try to answer in full sentences and pay attention to your spelling and grammar.

Once you have answered all the questions, check your answers with the suggested answers.

<u>Det svenska alfabetet</u>

Det svenska alfabetet består av 29 bokstäver, vilket är fyra fler än det engelska alfabetet. Den första bokstaven är A och den sista bokstaven är Ö. Vokaler är A, E, I, O, U, Y och Å, medan resten av bokstäverna är konsonanter.

Det finns några bokstäver som används i svenska som inte finns i det engelska alfabetet, till exempel Å, Ä och Ö. Dessa bokstäver uttalas som "å", "ä" och "ö" och är vanliga i svenska ord.

Här är hela alfabetet:

A, B, C, D, E, F, G, H, I, J, K, L, M, N, O, P, Q, R, S, T, U, V, W, X, Y, Z, Å, Ä, Ö.

För att kunna läsa och skriva på svenska är det viktigt att lära sig alfabetet och hur man uttalar varje bokstav. Det är också viktigt att lära sig skillnaden mellan vokaler och konsonanter.

Questions

1. Hur många bokstäver finns det i det svenska alfabetet?
2. Vilken är den första bokstaven i alfabetet?
3. Vilka bokstäver är vokaler i det svenska alfabetet?
4. Vilka bokstäver används i svenska som inte finns i det engelska alfabetet?

Answers

1. Det svenska alfabetet har 29 bokstäver.
2. Den första bokstaven i det svenska alfabetet är A.
3. Vokalerna i det svenska alfabetet är A, E, I, O, U, Y och Å.
4. Bokstäverna som används i svenska men inte i engelska är Å, Ä och Ö.

Text Twenty Nine

Read the following Swedish comprehension text carefully.

Then answer the questions using the information provided in the text.

Try to answer in full sentences and pay attention to your spelling and grammar.

Once you have answered all the questions, check your answers with the suggested answers.

December i Sverige

December är en speciell månad i Sverige. Det är den sista månaden på året och en tid för firande. Julen är den största högtiden i Sverige och många människor börjar förbereda sig tidigt. Traditionella juldekorationer inkluderar ljusstakar, adventskransar och julgranar. På julafton äter många svenskar en stor middag med familj och vänner och öppnar sedan julklappar. Många sjunger också julsånger och går till kyrkan för midnattsmässa.

Förutom julen är december också en tid för andra evenemang. Många svenska städer har julmarknader där människor kan köpa handgjorda juldekorationer, godis och varm choklad.

Dessutom firar svenskar lucia den 13 december. Lucia är en högtid där en tjej klädd som Lucia leder en procession med tärnor och stjärngossar.

Questions

1. Vad är den största högtiden i Sverige i december?
2. Vad är några traditionella juldekorationer i Sverige?
3. Vad gör många svenskar på julafton?
4. Vad är Lucia?

Answers

1. Julen är den största högtiden i Sverige i december.
2. Traditionella juldekorationer inkluderar ljusstakar, adventskransar och julgranar.
3. Många svenskar äter en stor middag med familj och vänner och öppnar sedan julklappar på julafton.
4. Lucia är en högtid där en tjej klädd som Lucia leder en procession med tärnor och stjärngossar.

Text Thirty

Read the following Swedish comprehension text carefully.

Then answer the questions using the information provided in the text.

Try to answer in full sentences and pay attention to your spelling and grammar.

Once you have answered all the questions, check your answers with the suggested answers.

<u>Mina Fritidsintressen</u>

Jag har många fritidsintressen. Ett av mina favoritintressen är att läsa böcker. Jag gillar att läsa olika genrer, men mest föredrar jag romaner och deckare. Jag brukar läsa på kvällen innan jag går och lägger mig.

Ett annat intresse jag har är att lyssna på musik. Jag tycker om att lyssna på olika typer av musik beroende på min sinnesstämning. Om jag är glad så lyssnar jag på popmusik och om jag är ledsen så lyssnar jag på lugn musik.

Jag tränar också regelbundet på gymmet. Jag gillar att träna styrketräning och konditionsträning. Det hjälper mig att hålla mig frisk och stark.

Questions

1. Vad är dina fritidsintressen?
2. Vad föredrar du att läsa för typ av böcker?
3. Vad lyssnar du på för musik när du är glad?
4. Vad gör du för att hålla dig frisk och stark?

Answers

1. Mina fritidsintressen är att läsa böcker, lyssna på musik och träna på gymmet.
2. Jag föredrar att läsa romaner och deckare.
3. När jag är glad lyssnar jag på popmusik.
4. För att hålla mig frisk och stark tränar jag regelbundet på gymmet.

www.ingramcontent.com/pod-product-compliance
Lightning Source LLC
Chambersburg PA
CBHW061359140726
47997CB00003B/1282